COUNTRY ON THE EDGE OF NOWHERE

País en el Borde de la Nada

COUNTRY ON THE EDGE OF NOWHERE

País en el Borde de la Nada

DANILO LÓPEZ ROMÁN

atmosphere press

*"La vida solo puede entenderse viendo hacia atrás;
pero debe vivirse viendo hacia delante".*

*"Life can only be understood by looking back;
but it must be lived looking forward".*

– Søren Kierkegaard

Índice

Index

Pasado

Tres veces el hombre dejó su
país. Hasta que el país lo dejo al él.
La primera vez el hombre
luchaba contra un tirano de
derecha. Un militar millonario a quien
creía sanguinario.
La segunda vez el hombre
dejó al país donde ahora se
entronizaba un partido único,
inflexible, solapado. Hasta que ese mismo partido se
convirtió en el instrumento de
un sátrapa dictador, dueño de
todo aparato de gobierno, economía,
ejército, policía, comercio de drogas,
empresa privada, jueces, tierras, elecciones,
alguna iglesia… de todo… menos de la
conciencia de millones, como la del hombre.
El hombre sabe que ese pequeño
imperio también acabará. Para que se
cumpla la ley y otro suba. Es la historia de los
países del mundo. Es la historia de los hombres.
El hombre no tiene país.

Past

Three times the man left his
country. Until the country left him.
The first time, the man
was fighting a tyrant of the
right. A military millionaire whom
he believed bloodthirsty.
The second time the man
left the country, a single party was
now enthroned,
inflexible, devious. Until that same party
became the instrument of
a satrap dictator, owner of
all apparatuses of government, economy,
army, police, drug trade,
private enterprise, judges, land, elections,
some church... everything... except the
conscience of millions, like that of the man.
The man knows this imp's
empire will also end. So that the law is
fulfilled and another imp takes over.
Such is the history of the
countries of the world. It is the history of men.
The man has no country left.

Días

Los días del hombre son largos y
aburridos. Insignificantes. Ha
probado de todo:
felicidades, disgusto, asesinatos,
nacimientos, ángeles, verdugos,
amigos, traidores, dinero, miseria,
prisiones, libertinajes, censura,
tertulia, lluvias, desiertos,
ejecuciones, escapes, glorias,
discriminaciones. La verdad y la
mentira, todas las que corren y
recorren entre poetas, arquitectos,
hermanos y falsarios.
El hombre ha sido loado y también
invisible.
El hombre lo ha tenido todo y lo ha
desperdiciado todo.
El hombre es invisible.

Days

The man's days are long and
boring. Insignificant. He has
tasted everything:
happiness, disgust, murder,
births, angels, assassins,
friends, traitors, money, misery,
prisons, debauchery, censorship,
parties, rains, deserts,
executions, rapes, glories,
discrimination. The truth and the
lie, all those that spread and
travel among poets, architects,
siblings and forgers.
The man has been praised and
ignored.
The man has had everything and has
squandered everything.
The man is invisible.

Principios

El hombre increpa sus hazañas.
Descree de gestas, caudillos y
pelmazos.
El hombre nunca dijo "¡A la orden mi general!" ni
"¡dirección nacional ordene!".
Detesta cuadros de políticos colgando de
las paredes, estén vivos o muertos y danzas
azuliblancas o transformados neorrevolucionarios
vivos.
Le han criticado por dudar del materialismo
histórico, del liberalismo keynesiano y del
conservadurismo simplón y vendepatria.
En un momento creyó en –y estudió a– los
Tupamaros. Craso error de juventud
ignorante, ardiente, que preocupada por
los pobres y la injusticia, se zambulló en
los cantos de sirena del socialismo real.
El hombre falló como generación. Que otros
rediman sus errores. El hombre ya tuvo su
Woodstock.
El hombre está cansado.

Principles

The man rebukes his exploits.
He dis-believes in deeds, warlords and
narcissists.
The man never said, "at your command my general!" nor
"national directorate: command!"
He hates pictures of politicians hanging from
the walls, either alive or dead and blue-white
dances of repented neo-revolutionaries.
Or opportunistic poets.
He has been criticized for doubting historical
materialism, Keynesian liberalism and the
simpleton, traitorous conservatism.
At one point he believed in – and studied – the
Tupamaros, a crass error of his youth,
ignorant, ardent, that concerned with
the poor and injustice, dived into
the siren songs of real socialism.
The man failed as a generation. Let others
redeem his mistakes. The man already had his
Woodstock.
The man is exhausted.

Leyendas

El hombre vio las tierras vírgenes pobladas de
animales, plantas y minerales. El hombre vio
venir huestes de otros hombres con sus
familias. Poblaron las tierras y las hicieron
producir y prosperar. Más hombres con sus
familias llegaban a las tierras. A veces los hombres
luchaban entre sí por las tierras, los animales,
y el dominio sobre los otros hombres.
Más hombres llegaron. Apostaron a los hombres
originales, los exterminaron a ellos y sus familias.
Las dividieron. Se llevaron los minerales a otras
tierras lejanas. Fundaron ciudades en el nombre
de reyes, coronas y cruces. Se mezclaron con las
mujeres de los hombres originales, como hicieran
los gigantes de antaño, que crearon nuevas razas.
Hasta que la nueva raza creció y se cansó de
servir a la lejana y misteriosa corona. Y se
sublevaron, y exterminaron a su vez a los hombres
que habían exterminado a los hombres originales.
Y se repartieron sus tierras, mujeres y minerales.
Y crecieron nuevas razas y nuevas castas. Y
también se crearon y entronizaron dictadores. Y
hubo otra vez ricos y pobres, dominados y
dominantes. Hasta que los nuevos pobres también
se cansaron y hartaron, y depusieron a los
dictadores y sus ricos y se entronizaron y se tomaron
las tierras de los hombres anteriores, sus casas, sus
mujeres, sus fábricas y bancos. Y crearon nuevos
ricos y nuevos pobres. Hasta que los nuevos

Legends

The man saw the lands populated with
animals, plants, and minerals. The man saw
hosts of other men arriving with their
families. They settled in the land and made it
produce and thrive. More men arrived with
their families. Sometimes they fought
among themselves for the lands, the animals,
and dominion over other men.
More men arrived. They gambled on the original men
and they exterminated them and their families.
They divided and conquered. They took the minerals to
distant lands. They founded cities in the name
of kings, crowns, and crosses. They intermixed with the
women of the original men, as the giants of
yesteryear did, begetting new breeds.
Until the new breeds grew tired of
serving a distant, mysterious crown. And
they revolted and exterminated in turn the men
who had exterminated the original men.
And they divided among themselves the land, women,
and minerals.
And new races and new castes emerged. And
dictators were also created and enthroned. And
there were again rich and poor, dominated and
dominant. Until the new poor grew
tired and fed up too, and deposed the
dictators and the rich, and enthroned themselves,
and took away the lands of the previous men, their
houses and their women, their factories, and banks.

pobres también se cansaron. Y ahora luchan
contra esos nuevos ricos y tiranos que les
prometieron paz y justicia, pero entregaron y
repartieron terror, destrucción y muerte.
Y los hombres originales desaparecieron y otros
hombres…
… siempre habrá otros hombres que
maten a los hombres anteriores.

El hombre ya no cree en el hombre.
El hombre ya no cree en sí mismo. El hombre
ya no cree.

And they created new
rich and new poor. Until the new
poor also got tired. And now they fight
against those *nouveau riche* and tyrants who
promised peace and justice, but delivered and
spread terror instead. Destruction and death.
And the original men disappeared and other
men...
...there will always be other men
that kill the previous men.

The man no longer believes in men.
The man no longer believes in himself. The man
believes no more.

Presente

El hombre vive en casa tomada. No es
su casa. Es casa invadida de
recuerdos, aventuras y deseos que
no son los suyos. El hombre no tiene
casa. Es un dramático -dicen- e incluso un
egoísta. Y él se lo cree todo. Y le duele
vivir en esa dicotomía de ser y no ser, de
ser -como es su costumbre- a medias.
Así le llamaban los revolucionaros
postizos: un burgués recalcitrante, apegado
a las cosas materiales propias del
capitalismo pobretón de su paisito. A él
que vino de la pobreza de su padre y de su
madre.
El hombre se resigna, se esconde en las
cuatro paredes de su dormitorio o en
las amplias coberturas de la calle, porque
ahí es libre. Libre en su encierro. Encerrado
en su libertad de biblioteca o de cine, o de
persistente imaginación. De sueños. El hombre
vive y desvive atrapado en su contradicción
de obligación religiosa y de auto salvación personal.
El hombre duda y cede. Cede y duda. El hombre
cae en el abismo y su figura se pierde en
la oscuridad.

Present

The man lives in a house taken. It is not
his home. It is a house invaded by
memories, adventures, and desires that
are not his. The man does not have a
house. He is a drama king, they say, and even
selfish. And he believes it all. And it hurts
living in that dichotomy of being and not being, of
being – as is his custom – half a man.
That's what false revolutionaries called
him: a recalcitrant bourgeois, attached
to the material things proper of the
fake capitalism of his banana country. To him,
who came from the poverty of his father and his
mother.
The man resigns himself, he hides in the
four walls of his bedroom, or in
the wide mantle of the streets, because
there, he is free. Free in his confinement. Cooped up
in the freedom of the library or the cinema, or
his dogged imagination. Or his dreams. The man
lives and unlives, trapped in the contradiction
of religious obligation and personal self-preservation.
The man hesitates and gives in. Gives in and doubts.
The man falls into the abyss and his figure is lost in
the endless darkness of nowhere.

Esperanza

El hombre es feliz a veces. Es
infeliz otras. En esas otras veces se
Consuela sabiendo que -en otras
realidades-, todos sus sueños, deseos y
alternativas han sucedido, suceden y
sucederán un número infinito de veces.

En otras realidades no hay dictadores,
opresores, sátrapas, pobres, ricos,
reyes, asesinos, oprimidos, temerosos,
abusivos, socialistas, capitalistas,
religiosos, mentirosos…
El hombre se consuela sabiendo que
ese número infinito de veces, ese
Aleph, es más numeroso que la
Realidad consciente y abyecta de estar
aquí, de este ahora que le toca vivir.

Y que tampoco existe.

Hope

The man is happy sometimes. He is
unhappy some others. On those other occasions he
comforts himself knowing that – in alternate
realities – all his dreams, desires and
options have happened, are happening, and
will happen an infinite number of times.

In other realities there are no dictators,
oppressors, satraps, poor, rich,
kings, murderers, oppressed, fearful,
abusive, socialists, capitalists,
religious, liars…
The man comforts himself knowing that
that infinite number of times, that
Aleph, is more numerous than the
conscious reality, abject reality, of being
here and now. Of this now that he must live,
and does not exist.

Hijas

Seguramente en su ancianidad, si
llegara a ella, el hombre va a extrañar a sus
hijas.
En sus horas de ocio físico, ya su
cuerpo falla; en sus horas de vigilia, su
mente divaga, como ya hoy empieza a
hacerlo.
En esas tardes aburridas de calor que
oprime, en esas noches de frío que distraen
junto a una fogata imaginaria o
una sala vacía, en una cama deshecha o
sobre un mar mudo de oleajes, va a
recordar las peticiones de su padre, esperando,
esperando, esperando su visita, su
llamada, su imagen en la pantalla.
No querrá ser una carga de sus hijas, no
querrá ser un estorbo de esposa, enfermera ni
parientes políticos o impolíticos.
Querrá, quiere, ser el ente autocontenido que
fue, es y será.
Querrá que ellas sepan, aunque no lo dijo, cómo
las ama, como las amó, aunque no lo muestra,
aunque no le sale, igual que a su padre.

Daughters

Surely in his old age, if
it comes to him, the man is going to miss his
daughters. He will miss them during
his physical leisure hours, when his
body fails, and in his waking hours, when his
mind wanders, as already today it begins to
do.
In those boring afternoons of oppressive heat, in
those bone-breaking cold nights,
sitting next to an imaginary campfire or
inside his empty room; lying on a messy bed or
floating on a silent sea of waves, the man will
remember his father's requests: waiting,
waiting, waiting for his visit, his phone
call, his image on the screen.
He will not want to be a burden on his daughters.
He will not want to be a nuisance to his wife, nurse or
in-laws or law-less relatives.
He wants to be, he will be the self-contained entity that
he was, is, and will be.
He wants them to know how
much he loves them, despite him not
knowing how to say it or show it.
Despite the words not coming out of his mouth, just
like his father.

Mente

La mente del hombre se llena de ruidos, de
recuerdos, de acciones nunca tomadas, de
decisiones que bifurcaron su vida en mil
puntos incongruentes, de catástrofes auto
convocadas, porque si, por soberbia, por
miedo, por ignorancia, por vergüenza propia y
también ajena.

No es cierto que el hombre siempre crece, a veces, casi
siempre, el hombre des-crece, retrocede. O tal vez así
le pasa a los que, como él, no encuentran
fácilmente un norte que seguir, una tabla que
agarrar en la furia del océano, del vendaval, de
la tempestad que arrastra sin decencia ni piedad.

Las voces, los clicks, las canciones invaden su
silencio. Le atrapan, le impiden ser y hacer, se
apoderan de sus manos, paralizan sus
dedos, nublan sus pupilas. El ruido, el ruido, el
ruido, el radio que cala permanente con chillidos
odiosos y toses infundadas, la sierra, el motor, la
gruesa algarabía informe con sus ladridos y
avionetas, las llantas en el pavimento, el taladro
penetrando, perforando, y la canción una y otra
vez, sin fin, sin principio, sin forma ni trasfondo.

¡Que alguien le diga, cómo se exorciza un ruido!?

Mind

The man's mind is filled with noises, with
memories of actions never taken, with
decisions that bifurcated his life into a thousand
incongruent pathways, with self-inflicted catastrophes
just because of his arrogance, his
fear, his ignorance, his shame of self and
shame of others.

It is not true that man always grows, sometimes, almost
always, man de-grows, retreats. Or maybe it only
happens to those who, like him, do not find
easily a north to follow, a plank to
grab in the fury of the ocean, of the gale, of
the storm that drags him down without decency or mercy.

The voices, the clicks, the songs assault his
silence. They hook him, they prevent him from
being and doing, they
seize his hands, paralyze his
fingers, cloud his pupils. The noise, the noise,
the noise, the radio that permanently prays with hateful
squeals and groundless coughs. The chainsaw, the engine, the
thick formless exhilaration with its barking and the
planes. The tires on the pavement, the drill bit
penetrating, piercing, and the song over and over,
time and again, without end, without beginning, without
form or background.

Somebody tell him, how do you exorcize a noise!?

Memoria

Que las memorias no nos torturen y las cizañas no nos
ahoguen.
En el cuarto de sus recuerdos:
un sillón de barbero, una alacena metálica de restaurante,
juguetes de peluche desvencijados, un escritorio de
caoba con polvo encima en vez de libros, una
cocina de juguete, un montículo de libritos de
poesía, antiguos, apiñados en el suelo como leña encanecida,
un traje de payaso desinflado e inerte. En las paredes:
cuadros sin rostros ni formas visibles, un aro amarillo de
hoola hoop,
dos triciclos, uno azul y otro rojo, sin ruedas ni manubrios,
un sombrero de fieltro junto a una gorra vasca gris, una
pizarra de sordomudo con palabras escritas con tiza blanca,
ininteligibles, y su borrador de felpa gastada hasta la
madera, un carrito de bebé azul que alguna madre empujó
con entusiasmo, agradecida incredulidad y cariño.
En una cajita de madera ocre: rosarios de muchos
colores y materiales con crucifijos de diversas
configuraciones, un avioncito de lata sobre un sillón
mullido marcado con señales de traseros y espaldas
para ver televisión, un televisor gordo con controles
manuales y antenas oreja de conejo, una roconola con
éxitos lejanos y vahídos irreconocibles,
marionetas inertes de color rojo, el figurín de un perro de
resina café con el nombre Bambi escrito en el anca
izquierda con letras blancas, un árbol de Navidad verde
con ralo cabello de ángel apoyado en una esquina,
semi-envuelto en cartón y tiras colgantes de celofán adhesivo,
una almohada a rayas que fueron grises asomando de una

Memory

May the memories not torture us and weeds not
drown us.
In the room of memories:
a barber's armchair, a metal restaurant cupboard,
rickety stuffed toys, a desktop made of
mahogany with dust on its top instead of books; a
toy kitchen, a mound of poetry booklets,
ancient, huddled on the ground like graying firewood.
A deflated, inert clown costume. On the walls:
pictures with no visible faces or shapes, a yellow hula hoop,
two tricycles, one blue and one red, no wheels or handlebars;
a wool hat next to a grey Basque cap, the blackboard of a
deaf-mute boy with unintelligible words, written with white
chalk, and a plush eraser worn to the wood.
A blue baby stroller some mother pushed with
enthusiasm, grateful disbelief, and unconditional love.
In a box of ochre wood: rosaries of many colors and
materials, with crucifixes of various configurations,
a small tin plane on a fluffy armchair to watch TV,
marked with butt- and back-prints, a fat TV with a
manual controller and rabbit ear antennas, a jukebox
with distant successes and distorted howls.
Red stolid puppets, the figurine of a brown resin dog with
the name Bambi written in white letters on its rump, a
green Christmas tree with sparse angel hair laid against
a solitary corner wall, semi-wrapped in cardboard and
glueless, hanging strips of cellophane tape.
A striped pillow that was once gray, peeking out of a
threadbare sheath,
a torn quilt made of unrecognizable scraps and flavors,

funda raída, una colcha rasgada hecha de retazos y
sabores irreconocibles, un perfume en el ambiente que huele
a tiempos sin identificar, un remedo de música
circense…
¿Tendrán algo que ver con el futuro que no tienen?
Todas esas cosas inútiles, hoy completamente inservibles,
infructuosas, descascaradas de toda función y sentido…

¿Serán tal vez la crónica de una vida que a ratos tuvo algún
sentido inteligente, algún propósito secreto, alguna razón
de ser?

a perfume in the environment that smells of faceless times,
a remnant of circus music…

Will they have something to do with the future they lack?
All those hopeless things, today completely useless,
unsuccessful,
peeled of all function and meaning…
Are they perhaps the chronicles of a life that at times
had some intelligent sense, some secret purpose, a
reason to be?

Futuro

1

Sabe que se va al otro lado, al país de infinitas
dimensiones, con muchas iras sin resolver, y viejas nieves
y estaciones que le fueron queridas por breves y calladas.
En el final de sus días el hombre es maestro de inútiles
honores.
No se deja llevar por estridentes conciertos ni
letárgicas plañideras, no lo ciegan luces pequeñas ni lo
deslumbran fértiles gargantas.
En la orilla de una muerte gris como el cemento,
dura como el acero, nadie lo acompaña.

Que nadie le extienda mirtos ni lavanda.
Entiéndase que son insignificante
partícula en la infinidad del universo.
Cuando el polvo que son carezca de peso y sonido,
cuando aquellos que iban detrás de él hayan desaparecido en
un manto oscuro y deforme,
si nadie le oye explotar, si nadie le ve apagarse
tiritando en el frío, ¿acaso algún día existió?

2

Y cruzarán sus pasos en la ciudad y no
se van a encontrar.
La vida, el tiempo, son así, desgastan las
facciones. La memoria, como el agua, reduce
moles de basalto a guijarros transparentes
y una guerra interna los abrasa con palabras de
mercurio y acentos de metal.
Es inevitable el olvido, se empieza

Future

1

He knows that he is going to the other side, to the country
of infinite dimensions, with
many unresolved angers, and old snows and seasons that
were dear to him for their brevity and quietness.
At the end of his days the man is a master of impractical
honors.
He does not get carried away by raucous concerts or
lethargic mourners, he is not blinded by small lights, or
dazzled by fertile throats.
On the shore of his death, gray as cement,
hard as steel, no one accompanies him.

Let no one dispense myrtles or lavender,
understand that they are a trivial
particle in the immensity of the universe.
When the dust they are lacks weight and sound,
when those who walked behind him have disappeared in
a dark and formless mantle,
if no one hears him explode, if no one sees him wither,
shivering in the cold, did he ever exist?

2

They will cross paths in the city but
won't find each other.
Life, time, are like this, they wear down your
face. Memory, like water, reduces
basalt masses to transparent pebbles
and an internal war scorches the man with words of
mercury and metal accents.

Oblivion is inevitable, the man starts
por ser invisible a la algarabía ajena.
No le ven pasar en medio de
ellos, insomne, deseoso,
habitante de un país gris-oscuro en
el borde de la nada.
Tiempo indecible atrás, decidió penetrar en
la noche infinita y meditaciones de otoño, con
pasos de hierro. Resinosos olvidos construyeron
su laboriosa respiración presente.
Mientras, otros le descartan en baúles de
viejas heridas. Cuando el deseo de vivir le ha
abandonado, cuando todos han borrado las huellas,
las aristas, cuando los monstruos disecados se han
disuelto en arenas pesadas de tiempo... es momento de
obliterar los velos que cargó, las esporas que
esparció. Incinerar sus heraldos, perderse en la
niebla. Tener piedad.

3
Primero su voz se hace gutural.
Luego, su importuna estampa es presagio de
cosas imposibles, extrañas como un naufragio.
Después su silencio alcanza botas y oídos, le
narran como a un pasado milenario o
le ignoran como a un resto en desalojo, como a
una rama caída, deshojada, seca. Esa es su
identidad de viaje, un corto inaudible
gemido que el viento se tragó. Un pantano hundido en
la selva solitaria, bruñida de bosques herméticos.
Un soplo efímero que la noche olvida, siempre
viejo, siempre arcano. Inútil.

by being invisible to the hubbub of others.
They don't see him walking in their midst, insomniac,
desirous, inhabitant of a dark-gray country in
the edge of nowhere.
Millennia ago, in his autumn meditations,
the man decided to enter the infinite night with
iron steps. A resinous amnesia built
his present laborious breathing.
Meanwhile, others discard him inside trunks of
old wounds. When the desire to live has
abandoned him, when everyone has erased the
footprints, the borders, when the stuffed monsters have been
dissolved in the heavy sands of time… it's time to
obliterate the veils he carried, the spores he
spread. It's time to incinerate his heralds, and get lost in
the fog. It is time to have mercy.

3
First, his voice becomes guttural,
then his timeless corpse is the omen of
impossible things, strange like a shipwreck.
His silence reaches boots and ears, they
recite him like a millenary past, or they
ignore him like discarded remains, like a
fallen, leafless, dry branch. That is his
travel brand, an inaudible short
groan that the wind swallowed. A swamp sunk in
the lonely jungle, burnished with hermetic forests.
An ephemeral breath that the night forgets, always
old, always arcane. Useless.

Cantos

El hombre escucha cantos santos. Recuerda
cuando era niño inocente. El Ángelus le
exprime las últimas gotas de bondad. El coro
del colegio, la Congregación Mariana y su
uniforme amarillo y blanco con capa sin espada.

La Primera Comunión, cuando no quiso
jurar su renuncia "a satanás sus pompas y
obras" porque "no hay que jurar a Dios en vano."
El cardumen de medallas al final del año escolar,
la graduación de honor, el cuadro de honor, los
12 años de asistencia perfecta, de misa
dominical, de portarse bien, de ser presidente de
la clase. Hasta que el hombre conoció el
pecado y el pecado lo atrapó por incontables,
deleznables años
El hombre a veces salía de las tormentosas
aguas que le arrastraban casi ahogándolo. Pero
volvía a hundirse en remolinos anchos y
vaivenes profundos, espumosos, violentos.
El hombre despertaba cuando una mano invisible
lo salvaba de las aguas. Prometeo subiendo y
bajando la rampa, empujando la enorme
piedra, los cuervos picando sus ojos...
eternamente

Songs

The man hears holy chants. He remembers
when he was an innocent child. The Angelus
squeezes his last drops of kindness. The school choir,
the Congregation of Mary, the man wears his white
dalmatic, his yellow swordless cape.

First Communion, when he didn't want to
swear his renunciation "to satan his pomps and
works" because "we shall never swear to God in vain."
The shoal of medals at the end of the school year,
the graduation magna cum laude, the honor roll, the
12 years of perfect attendance, the Sunday mass,
the well behaved, the class president. Until the
man knew sin and sin trapped him for countless,
despicable years.
The man sometimes came out of the stormy
water that dragged him, almost drowning him. But
he sank back into wide white whirlpools and
tall, sparkling, violent falls.
The man would wake up and an invisible hand
would save him from the waters. Sisyphus going up and
down the hill, pushing the huge
stone, crows plucking his eyes…
eternally.

Avatares

En algún lugar de esta América amanece y
otro hombre se levanta y enfrenta su
circunstancia. Se enfrenta a sí mismo, a
sus vivos y a sus muertos.
Otro hombre ve cadáveres, ve perseguidos y
perseguidores y se une a la lucha en uno u
otro bando… pero el hombre miente, el
perseguidor que ve, no es hombre… es bestia.

El hombre tiene hambre y sed de justicia. El
Bienaventurado. Pero tiene además que hacer
algo para saciar esa sed y esa hambre. La
saciedad no se seca sola, el hombre debe
trabajar para lograrla. Por eso erige barricadas
y marcha gritando consignas contra el opresor,
contra la bestia y sus secuaces.
El hombre conoce estas luchas. Ya antes las
ha vivido, cuando editaba periódicos clandestinos
y escondía armas en su casa. Cuando daba refugio
a sus amigos, aunque fueran de tendencias
revolucionarias contrarias en su ideología,
cuando cuidadosamente transportaba al líder
revolucionario con sumo esmero, como
transportando una reliquia, un tesoro, o a su
propia hija. Y a veces cree en ese lejano mito. En
esa lejana mística y pureza de Carlos Roberto o
Carlos N. T., pero lastimosamente, quizá el hombre
se equivoca. Otra vez. Quizá esos mitos hubiesen
sucumbido al poderoso magnetismo del poder
que accede a la riqueza material, a la mentira,

Avatars

Somewhere in America it dawns and
another man stands up and faces his
circumstance. The man faces himself,
his living and his dead.
Another man sees corpses, sees persecuted and
persecutors, and joins the fight in this or
that clan… but the man lies, the
tormentor he sees is not a man… it is a beast.

The man hungers and thirsts for justice. The
blessed. But he also must do
something to quench that thirst and hunger. The
satiety doesn't dry itself, the man must
work to achieve it. That is why he erects barricades
on the streets and marches shouting slogans against the
oppressor, against the beast and his minions.
The man knows these struggles. He has already
lived them when he edited underground newspapers
and hid guns in his house. When he gave shelter
to his friends, even if they were of opposing
revolutionary trends and ideology.
When he carefully transported the revolution
commander, with great care, as if
transporting a relic, a treasure, or his
own daughter. And sometimes he believes in that
distant myth. In that aloof mystique and purity of
Carlos Roberto or Carlos N.T., but unfortunately,
perhaps the man is wrong. Again. Maybe those
myths would have succumbed to the controlling magnetism
of power which gives access to material wealth, to the

al abuso, a la violencia. Entonces, el hombre
se resigna a su nueva circunstancia, ausente de
místicas revolucionarias y gloriosas rebeldías.
Se somete a esta existencia libre de guerras
exteriores y ansiedades extremas, bordeando
entre el sueño, la pesadilla y la desesperada
realidad. Abyecta realidad.
Que otros tomen
La antorcha, la batuta, el *bâton*. Es la hora
de relevos. Es la hora de nuevas generaciones.

big lie, to abuse, to violence. So, the man
resigns himself to his new circumstance, absent of
revolutionary mystics and glorious rebellions.
He surrenders to this existence free of exterior
wars and extreme anxieties, bordering between dream,
nightmare, and desperate reality.
Abject reality. Let others take
the torch, the baton, the *bâton*. It is time for
relays. It is time for new generations.

Miseria

El hombre no tiene memorias.
El hombre solo guarda recuerdos
confusos e inquietantes versos.
El hombre deambula por veredas y
arroyos, siempre alerta, siempre
sensible a ecos ajenos y trampas
que abundan.
El hombre es solo. Solitario. Hambriento.
El hombre es ciego y sus ojos buscan.
El hombre tropieza y cae en la trampa de
harpías, brujas y enemigos eternos.
El hombre sufre por que sí. El licor
lo rebasa. Lo enferma. Lo altera.
La música lo enemista con todo y con
todos. El hombre es miserable y
su miseria se extiende como tinta en
el agua. El hombre se esconde tras la
máscara del desagravio. La mujer lo
vigila. Incluso ahora, la mujer lo
persigue y le roba su paz efímera, su persona.
Su vida.

Poverty

The man has no memories.
The man only keeps confusing
recollections
and vague, disturbing verses.
The man wanders on sidewalks and
streams, always alert, always
sensitive to other people's echoes and traps
which abound.
The man is alone. Lonely. Famished.
The man is blind, and his eyes seek.
The man stumbles and falls into the trap of
harpies, witches, and eternal enemies.
The man suffers just because he does. Liquor
surpasses him. Sickens him. Alters him.
Music antagonizes him with everything and
everyone. The man is miserable and
his misery spreads like black ink in the
water. The man hides behind the
mask of reparation. The woman
watches him. Even now, the woman
pursues him and robs him of his ephemeral peace,
of his person.
Of his life.

Sueños

El hombre sueña. Sus sueños son violentos.
Sangrientos. Llenos de furia y crueldad. Despiadados.
Sus víctimas son hombres sin rostro y
figuras extrañas. Hombres en bicicleta, hombres
de a pie, hombres desalmados como él, pero no tanto
como él. Les clava puñales en la garganta y los
acribilla con balas agudas y sonoras, metales que
explotan en las entrañas, cabezas y ojos de esos
hombres que pagan, ¡ah como lo pagan con creces!
los desmanes que el hombre dice sufrir en la vigilia.
El hombre ya no teme a monstruos que casi le
enloquecen de joven. Ahuyentó mariposas
de acero y ruidosas sombras terribles. El hombre ha
crecido. Pero sigue siendo un niño diminuto en sus
horas despierto. Cuando calla. Cuando evita miradas.
Cuando cierra los ojos y se dice: paciencia, paciencia,
paciencia…

Dreams

The man dreams. His dreams are violent.
Bloody. Full of fury and cruelty.
Ruthless. His victims are faceless men and
strange figures. Men on bicycles, men
on foot, heartless men like him, but not as bad
as him. He sticks daggers in their throats and
rids them with sharp, sonorous bullets. Metals that
explode in the bowels, head, and eyes. Those
men pay, oh how dearly they pay the
excesses the man claims to suffer in wakefulness!
The man is no longer afraid of monsters that almost
made him go crazy as a youth. The man chased away
iron butterflies and deafening, terrible shadows. The
man has grown. But he's still a tiny boy in his
waking hours. When he is silent. When he avoids
confrontation. When he closes his eyes and says to
himself: patience, patience.
Patience…

Oraciones

El hombre rezaba. Sabía hablarles a Jesús, María y los santos. Le hablaba a su madre y a los ángeles, que era como hablarle a su madre. Su madre era un Ángel. Ya mayor, el hombre aprendió a hablarle a su padre. Pero su padre ya no oye. Solo habla y habla y habla. El hombre compadece al padre, que en su cama desarreglada y maloliente, solamente clama ¿cuándo? ¿Cuándo Dios mío? Y espera, espera. espera…

Prayers

The man used to pray. He knew how to speak to Jesus,
Mary, and the Saints. He spoke to his mother and the angels,
which was like talking to his mother. His mother was an
Angel. When he was older, the man learned to speak to his
father. But his father no longer hears. Just talks and talks and
talks. The man pities his father, who in his
untidy and smelly bed, just cries out:
"When? When my God?" And waits, waits.
Waits…

Muerte

El hombre sintió morir a su madre en sus propios brazos.
Desesperado porque diera un respiro más, una señal de
consciencia, aquellos ojos semicerrados, sin brillo...

Pero a su padre lo vio morir de lejos, sin lágrimas ni
aspavientos. La larga figura de su padre lo cobija, señalando
con un dedo la lección más grande de la vida del hombre.

Su madre, en cambio, le dejó oraciones tiernas y musicales;
cartas, sonrisas agradables y benditos recuerdos de protección
infinita.

Pero el hombre los añora a ambos por igual.
¡Que vacío dejan los progenitores presentes
cuando se ausentan!

Death

The man's mother died in his arms.
Desperate to have one more breath, a sign of
consciousness, those semi-closed eyes, lifeless...

But his father, he saw him die from afar without tears or
fuss. The long figure of his father shelters him, pointing
with one finger the greatest lesson of man's life.

His mother, on the other hand, left him tenderness, and
musical prayers, letters, pleasant smiles, and blessed
memories of boundless protection.

But the man longs for them both equally.
What a void the parents leave
when they depart!

Los sábados el Hombre se disfraza de trashumante. Aban-dona más-caras de rigidez circunspecta y adopta posturas un poco más libera-les. La falsedad de su rostro adquiere una delgadez que destila cierta inconformidad y aire de ausencia. Se ventilan, a la luz de la sombra, las maquiavélicas tentacio-nes de unas y otras víctimas de la carroña, hasta proponer sin caos ni histeria el levantamiento de diques, jar-dines, carros y lavandería. El aseo adquiere proporciones increíbles, y se ges-ta en el fondo de los corazones una gira que emana desde las altitudes del sexo hasta las simas de la muerte. Muchos años después de hoy, alguien tendrá que convertir la limpieza y el erotismo en una misma historia literaria.

El delito de escribir es manifiesto. Se provocan friccio-nes de toda índole y la ira se solaza en las personas involucra-das hasta ob-ligarlas a proferir toda suerte de maldiciones e improperios. Es así como se busca incesantemente un lugar de desagravio que para unos es el Olimpo, con todos sus ani-males, incubadoras y plantas, y para otros es el silencio de la Soledad engendradora de palabrerío escrito en la paz de la penumbra.

Pero en el otro extremo tenemos la inconfesable oposición fe-menina que se desvive en encontrar peros a estas activida-des del espíritu en expansión. Será porque están más metali-zados o porque el mundo ya no es para soñadores como yo, que pretenden alcan-zar una estrella atornillados al piso, o levantar ruinas con los pies descalzos. El trabajo del escritor es trabajo de redentor y se muere crucificado o se pertenece a los círculos de la élite controlada por unos cuantos apellidos.

La futilidad de este oficio se cuestiona con frecuencia. Sin em-bargo, yo afirmo: que no me vengan a negar su nume-rosa presencia dadora de Paz y de Guerra. Su potencia de liberación y su justicia de cantar la piel. He aprendido a escri-bir, y aún estoy vivo. ■

On Saturdays the man disguises himself as a transhumant. He abandons masks of circumspect stiffness and adopts slightly more liberal positions. The falsehood of his face acquires a thinness that exudes a certain nonconformity and an air of absence. In the light of the shadows, the Machiavellian temptations of some and other victims of carrion are ventilated, and propose, without chaos or hysteria, the erection of dikes, gardens, carts, and laundry. Cleanliness takes on incredible proportions, and in the depths of hearts is gestated a tour that emanates from the heights of sex to the chasms of death. Many years after today, someone will have to translate cleanliness and eroticism into one literary history.

The crime of writing is manifest. Frictions of all kinds are aroused, and anger takes hold in the people involved, forcing them to utter all kinds of curses and expletives. This is how a place of reparation is incessantly sought, which for some is Olympus, with all its animals, incubators, and plants, and for others the silence of Solitude spawning a verbiage written in the peaceful darkness.

But at the other extreme we have the disgusting female opposition which goes out of its way to find ifs and buts to the activities of the expanding spirit. It might be because they are more practical or because the world is no longer for dreamers like the man, who intends to reach a star bolted to the floor or erect ruins with his bare feet and hands. The work of the writer is the work of the redeemer, and you die crucified, or you belong to the circles of the elite controlled by a few surnames.

The futility of this craft is frequently questioned. However, I affirm: may no one come up to me and deny its numerous presence, giver of Peace and War; its power of liberation and justice while singing and burning the skin away. I have learned to write, and I am still alive. ■

Postfacio

Entre los varios escritores que disfruto leer una y otra vez, está Søren Kierkegaard. De alguna manera me recuerda a mi padre: la educación Morava, la melancolía, el tener una mente privilegia-da y a pesar de ello, o precisamente por ello, sentirse alejado de los demás. Fuera de lugar, no pertenecer, ser el otro. Una niñez severa que supo vivir de la manera más sencilla sin dejar de ser aventurera. Así lo muestra en sus memorias "Lo que mi Memoria Recuerda" (Adolfo Lopez González, Amazon) cuando crecía en Bluefields, Nicaragua.

Me identifico con ambos en lo de la melancolía. Me imagino con otro carácter, alegre, jovial, bullanguero, siempre riendo, contando chistes todo el tiempo. Pero ese no soy yo y acepto que ese sentimiento de otredad me ha servido de inspiración una y otra vez. Resultará aburrido o cansino leer estos poemas del hombre, un hombre que, igual que mi padre o que Kierke-gaard sacan a luz el hecho de que "realmente nunca he sido un hombre, y menos aún niño o joven" (Kierkegaard).

Tampoco he sido un intelectual bohemio. Lo más cercano a ello fue mi estadía en México en 1979 como asilado político. Las reuniones con otros grupos de rebeldes Latinoamericanos, el mate circulando en derredor, las masivas protestas en las calles gritando slogans, las visitas a periódicos para dar declaraciones, conciertos en universidades donde alguna vez canté *"son tus perjúmenes mujer"*, las lecturas de poesía. Pero esa oceánica sensación de ansiedad, de suspenso no superado, estaban siem-pre presentes. Un mundo de fantasía vacío de comunicación lógica. Un hombre que a veces deja de creer en todos, por haber creído en todos.

Danilo López-Román
Miami, Florida 2020-2022

Postscript

Among the various writers I enjoy reading repeatedly is Søren Kierkegaard. He somehow reminds me of my father: Moravian education, melancholy, having a privileged mind and despite this, or precisely because of it, feeling alienated from others. Out of place, not belonging, being the *other*. A severe child that knew how to live in the simplest way while remaining adventurous. This is shown in his memoirs *Lo que mi Memoria Recuerda* (Adolfo Lopez González, Amazon), an account of when he was growing up in Bluefields, Nicaragua in the 1930s.

I identify with both in terms of melancholy. I imagine my-self as another character, cheerful, jovial, loud, always laughing, telling jokes all the time. But that's not me and I accept that this feeling of otherness has inspired me time and time again. The results may be boring or tiring to read, these poems of the man, a man who, like my father or Kierkegaard, brings to light the fact that "I've never really been a man, let alone a boy or young man" (Kierkegaard).

Nor have I been a bohemian intellectual. The closest thing to it was my stay in Mexico in 1979 as a political asylee. The meetings with other Latin American rebel groups, the mate circulating around, the massive protests in the streets shouting slogans, visits to newspapers to give statements, concerts in universities and parks where I once sang "*son tus perjúmenes mujer*," poetry readings. But that oceanic feeling of anxiety, of suspense not overcome, was always present. A fantasy world devoid of logical communication. A man who sometimes stops believing in everyone because he has believed in everyone.

Danilo López-Román
Miami, Florida 2020-2022

CARMINA HOMINIS

·

·   ·

Reconocimientos

Mi sincero agradecimiento al personal de Atmosphere Press por su valiosa retroalimentación y apoyo incondicional.

Al escribir este libro, mi mente y mi corazón tuvieron presentes a los pueblos que viven bajo gobiernos opresivos, que se suceden una y otra vez.

Que mis hijas y nietos puedan construir un mundo mejor que el que nosotros dejamos atrás.

Acknowledgments

Many thanks to Atmosphere Press staff for their valuable input and unwavering support.

In writing this book peoples with oppressive governments that happen again and again, were in my mind and soul.

May my daughters and grandchildren be able to build a better world than the one we leave behind.

Sobre Atmosphere Press

Atmosphere Press es una editorial independiente de servicio completo para libros excelentes en todos los géneros y para todas las audiencias. Obtenga más información sobre lo que hacemos en la atmospherepress.com.

Le recomendamos que consulte algunos de los últimos lanzamientos de Atmosphere, que están disponibles en Amazon.com y mediante pedido en su librería local:

About Atmosphere Press

Atmosphere Press is an independent, full-service publisher for excellent books in all genres and for all audiences. Learn more about what we do at atmospherepress.com.

We encourage you to check out some of Atmosphere's latest releases, which are available at Amazon.com and via order from your local bookstore:

Melody in Exile, by S.T. Grant

Covenant, by Kate Carter

Near Scattered Praise Lies Our Substantial Endeavor, by Ron Penoyer

Weightless, Woven Words, by Umar Siddiqui

Journeying: Flying, Family, Foraging, by Nicholas Ranson

Lexicon of the Body, by DM Wallace

Controlling Chaos, by Michael Estabrook

Almost a Memoir, by M.C. Rydel

Throwing the Bones, by Caitlin Jackson

Like Fire and Ice, by Eli

Sway, by Tricia Johnson

A Patient Hunger, by Skip Renker

Lies of an Indispensable Nation: Poems About the American Invasions of Iraq and Afghanistan, by Lilvia Soto

The Carcass Undressed, by Linda Eguiliz

Poems That Wrote Me, by Karissa Whitson

Gnostic Triptych, by Elder Gideon

For the Moment, by Charnjit Gill

Battle Cry, by Jennifer Sara Widelitz

I woke up to words today, by Daniella Deutsch

Never Enough, by William Guest

Second Adolescence, by Joe Rolnicki

Sobre el Autor

Danilo López-Román posee un Máster of Fine Arts en Escritura Creativa por la Universidad de Texas-El Paso. Sus poemas, prosa y arte digital han sido publicados en *Hayden's Ferry Review*, *Linden Lane magazine*, *Carrier Pigeon*, *The Chachalaca Review*, *Border Senses*, *Phoebe*, *Baquiana*, *El Pez y la Serpiente*, y muchas otras. Danilo vive en Miami, Florida—con su esposa Kristabel—donde trabaja como escritor, editor, antólogo, traductor, artista digital, y arquitecto.

About the Author

Danilo López-Román holds an MFA in Creative Writing from the University of Texas-El Paso. His poetry, fiction, and digital art have been published in *Hayden's Ferry Review*, *Linden Lane magazine*, *Carrier Pigeon*, *The Chachalaca Review*, *Border Senses*, *Phoebe*, *Baquiana*, *El Pez y la Serpiente*, and many others. He lives in Miami, Florida—with his wife Kristabel—where he works as a writer, editor, anthologist, translator, digital artist, and architect.

Milton Keynes UK
Ingram Content Group UK Ltd.
UKHW040729161023
430697UK00005B/326